zen-on piano library

KB260182

CZERNY

KINDERUBÜNGEN

체르니   어린이를 위한 연습곡

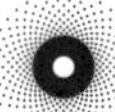

서울음악출판사

········ 해설 ········

치구라 하치로

이 연습곡집은 <바이어>와 병용 가능하도록 쉽게 만들어져 있습니다. 체르니에는 많은 연습곡이 있습니다. 그 중에서 <리틀 피아니스트>, <초보자를 위한 레크리에이션> 또는 <100번 연습곡>, <110번 연습곡> 등의 연습곡집은 모두 초보자를 위한 것으로 <바이어> 과정과 병용이 가능하지만, 후반부로 가면 어려운 부분이 있어서 <바이어>를 마친 후에도 사용하게 됩니다. 하지만 이 곡집에는 그러한 어려운 부분이 없어 처음부터 끝까지 60곡 모두를 <바이어>와 함께 사용할 수 있습니다. 또한, <바이어>를 보충하는 내용도 많이 담고 있어 <바이어>와 병용하기에 좋습니다.

어느 곡을 <바이어> 몇 번과 병용하라는 것은 의미가 없으므로 그러한 지시는 별도로 하지 않겠습니다. 처음부분은 <바이어> 10번부터 사용할 수 있으며, <바이어> C장조의 음계부터 이후(65번 이후)로 넘어가는 학습자라면 거의 모든 연습곡을 이용할 수 있습니다. 다만 제23번처럼 양손 모두 3화음을 연주하는 부분이 <바이어>에는 없으므로 그런 점에는 주의할 필요가 있습니다.

운지는 대부분 지정된 대로면 되지만 손이 작은 사람에게는 좀 어려운 부분이 있습니다. 하지만 그러한 부분이라도 연주가 불가능하거나 주법을 바꿔야 할 정도는 아닙니다. 변경하는 편이 연주하기 쉽다는 정도의 문제이므로 지시대로 운지하면 됩니다.

슬러 부분도 많이 고려되었습니다. 다만 프레이징은 어느 정도 선생님의 지도가 필요한 부분이 있습니다. 하지만 대부분의 곡이 A(a á), B(b á)의 2부 형식이고 프레이즈가 4마디 또는 8마디로 나뉘어져 있어서 별다른 문제가 없습니다. 다만 예를 들어 제47번과 같은 곡에서는 전체적인 총정리이므로 프레이즈를 파악해둘 필요가 있습니다.

속도에 대한 표어는 Allegro, Allegro moderato, Allegro vivace, Allegretto 이렇게 4가지만 사용되고 있으며 대부분의 곡에서는 지시가 없습니다. 속도보다는 각각의 곡을 정확하게 연주하는 것이 이 단계의 학습자에게 중요하다는 점을 잊지 마세요.

강약과 표현상의 뉘앙스에 대해서도 곡집 후반에서 지시가 나오므로 가능하면 그 지시를 최대한 표현해보도록 하세요. 하지만 손가락과 손이 아직 작은 경우에는 무리해서 지시를 따를 필요는 없습니다.

다음은 각 곡의 연습 포인트에 대해서 간단히 설명해보았습니다.

제1번~제7번

2분음을 중심으로 하는 초보적인 연습입니다. 2분음과 온음만 사용하므로 리듬이 매우 간단하지만 오른손과 왼손 각각의 음의 움직임이 대위법으로 되어있어 제12번과 같은 화성적인 곡보다 오히려 어려울 수 있습니다. 경우에 따라서는 제8번부터 시작하는 것도 좋습니다.

모든 곡에서 병진행(Parallel Motion), 역진행(Contrary Motion), 사행(Oblique Motion) 등의 대위법 성부진행이 사용되므로 2성의 대위법적인 악곡으로 연습하세요. 슬러 지시는 그대로 따르면 됩니다. 다만 제2번에서 오른손은 8마디 동안 레가토로 연결하고 왼손은 4마디째에서 프레이즈를 확실하게 끊는 것이 좋으므로 각각의 곡에 대해 잘 생각한 후 연습을 시작하는 것이 좋습니다. 같은 음 반복은 모든 곡에서 같은 손가락으로 연주하도록 지시하고 있습니다. 그것은 이 곡집이 초보를 위한 교재이기 때문이므로 손가락을 바꿔가며 연주해도 좋습니다. 이처럼 대위법으로 이루어진 곡에서는 두 성부의 밸런스를 잘 생각하기 바랍니다.

제8번~제9번

한쪽 성부는 2분음으로 움직이고 다른 쪽은 4분음으로 움직입니다.

4분음의 움직임이 오른손(제8번)에서는 선율을 이루고 왼손(제9번)은 반주 역할을 합니다. 제8번은 오른손 스타카토가 너무 날카로워지지 않아야 합니다.

제10번~제11번

지금까지 연습의 종합정리라 할 수 있습니다. 제10번에는 고음역의 음을 읽는 연습이 포함되어 있습니다.

제12번~제13번

왼손이 분산화음 반주를 하고 그 위에 선율을 올리는 화성적인 구성의 연습곡입니다. 반주는 약하게 하세요. 제13번에서는 2분음 뒤에 오는 3박째 4분음에 악센트를 주지 않아야 합니다. 이 곡집에서 처음 등장하는 곡다운 곡이므로 어느 정도 감정을 담아 연주해보세요.

제14번

왼손 중음(重音) 연습입니다. 두 음을 잘 맞추어 연주하세요. 6~7, 14~15마디 등에 지시된 왼손 레가토는 정확하게 연주하세요. 손이 작아서 5도를 2번 손가락과 5번 손가락으로 연주하기 어려운 경우에는 5번 손가락만 남겨서 음을 연결시키는 것도 좋은 방법입니다.

제15번

제13번, 제14번과 같은 형태지만 선율이 고음역에 있으므로 악보를 정확하게 읽어야 합니다.

제16번~제19번

이 네 곡은 대위법으로 작곡되었습니다. 제17번에서는 양손이 모두 4분음으로 움직입니다.

전반부는 역진행, 후반부는 병진행을 중심으로 되어있습니다. 이 곡의 8마디째 왼손과 제18번 1, 5마디째 오른손처럼 3도를 4번 손가락과 5번 손가락으로 연주하는 부분이 있습니다. 손이 작더라도 유연하다면 문제없을 것입니다. 손목을 너무 낮추지 말고 약간 높게 유지하며 손 전체를 오른쪽 또는 왼쪽으로 이동시키는 느낌으로 연주하세요. 손가락만으로 연주해서는 안 됩니다. 이것은 제19번 오른손에서도 마찬가지입니다.

제20번~제23번

이 네 곡은 화음연습입니다. 앞의 두 곡이 왼손, 제22번이 오른손, 제23번은 양손으로 화음을 연습합니다. 각 곡의 화음을 정확하게 파악하세요. 손이 작은 경우에는 3개의 음 중에서 가운데 손가락이 건반을 제대로 못 누르는 경우가 많으므로 주의하세요. 화음을 연주하기 전에 우선 분산화음으로 연습하는 것도 좋습니다. 특히 제23번은 분산화음으로 연습할 필요가 있습니다. 이후의 제28번, 제30번,

제34번, 제40번도 마찬가지입니다.

제24번~제25번

중음을 정확하고 깔끔하게 연주해보세요. 제24번은 왼손, 제25번은 좌우 양손에 중음이 나옵니다. 제25번에서는 오른손에 3도 중음이 나옵니다. 이것은 제27번에서도 연습하므로 미리 예습해두면 좋습니다.

제26번

조표가 없지만 실제로는 G장조입니다. 왼손 음역이 약간 낮아지므로 높은음자리표 아래의 덧줄에 있는 음을 읽는 방법을 공부합시다.

제27번

오른손 3도 중음 연습입니다. 이러한 형태는 다양한 곡에 나오며, 어려운 연습입니다. 1마디째 오른손 1박째에서 2박째로 갈 때에 5번 손가락은 건반을 누른 상태에서 레가토로 진행합니다. H(시)음은 조를 정하는 중요한 음이므로 7마디째 왼손 딸림7화음은 3번 손가락으로 정확하게 연주하세요.

제28번

왼손은 화음을 깔끔하게 연주하세요. 제20번~제23번의 연습을 떠올리기 바랍니다. 오른손의 8분음 선율은 음을 정확하게 레가토로 연주하세요.

제29번

왼손 반주가 분산화음입니다. 흔히 볼 수 있는 '도미솔'의 형태가 아니므로 악보를 정확하게 보아야 합니다. 반주는 너무 강해지지 않도록 하세요. 오른손으로 연주하는 선율은 음 하나하나를 살짝 테누토 느낌으로 건반을 끝까지 눌러서 연주합니다. 강약에 차이를 주세요.

제30번

왼손이 화음을 연주합니다. 이러한 선율을 연주할 때에는 오른손 손목이 위아래로 흔들리지 않아야 합니다.

제31번

G장조의 곡입니다. 이 곡에 사용된 왼손 반주 스타일은 자

주 등장하는 것으로 연주가 어려운 편입니다. 손목에 힘이 들어가지 않도록 하세요. 5번 손가락에 악센트를 주면 관절이 젖혀질 수 있으므로 너무 힘을 주지 않도록 하세요. 오른손 선율은 밝고 경쾌하게 연주하세요.

제32번~제33번

'도솔미솔' 형태의 분산화음 반주입니다. 시끄러워지지 않도록 레가토로 연주하세요. 초보자의 경우에 이런 곡에서는 반주만 잘 들리고 오른손 선율이 묻히는 경우가 많으므로 반주와 선율의 밸런스를 잘 잡아보세요. 제33번은 오른손에 3도 중음이 나오므로 많이 연습하기 바랍니다.

제34번

지금까지의 연습과 같은 내용입니다.

제35번

제32번, 제33번과 같은 연습입니다. 선율이 아름다우므로 곡 전체를 아름답게 표현해보세요. 강약은 뚜렷하게 주는 것이 좋습니다.

제36번

처음 나오는 반주 형태입니다. 음표의 종류는 다르지만 이것과 같은 형태가 제41번에도 나옵니다. 1박째는(4번 손가락 또는 5번 손가락) 약간 강하게 연주하고, 2, 3박째 중음은 가볍게 연주합니다. 손 전체를 건반 안쪽으로 살짝 미는 느낌이면 좋습니다(실제로는 이동시키지 않습니다). 3마디째 3박째 오른손 3번 손가락은 2번 손가락을 사용해도 좋습니다. 5, 6마디째 오른손 4, 5번 손가락은 많이 연습하세요.

제37번

1마디째 오른손 분산화음은 자주 볼 수 있는 형태입니다. 제31번의 왼손과 같은 형태로 1번 손가락에 너무 힘을 주지 않도록 하세요.

제38번~제40번

반주에 중음과 화음이 나옵니다. 이 외에는 지금까지와의 연습과 큰 차이가 없습니다. 제40번은 3도 중음이 레가토로 이어지므로 충분히 연습하세요. 바른 손 모양으로 연주하는 것이 중요합니다.

제41번

제36번의 반주형태와 같습니다. 선율이 아름답고 좋은 곡이므로 음악적으로 연주할 수 있도록 해봅시다.

제42번

오른손에 셋잇단음이 나옵니다. 셋잇단음 리듬 자체에는 별다른 어려움이 없습니다. 이 리듬을 레가토로 연주하는 것이 연습목표입니다. 고른 음량으로 연주를 이어가세요. 왼손은 제41번과 같은 스타일이지만 4, 5번 손가락으로 건반을 누르므로 손목에 힘이 들어가기 쉽습니다.

제43번

제29번과 비슷한 반주 형태입니다. 9~11마디에서 왼손이 스타카토로 연주하는 부분은 많이 연습하세요. 건반을 튕기지 말고 한 음 한 음을 또렷하게 터치하세요(마르카토처럼). 튕기듯이 연주하면 음이 엉성해지므로 초보 때에는 스타카토를 튕기듯이 터치하지 않는 것이 좋습니다.

제44번~제45번

제44번은 반주 형태가 제41번과 같습니다. 제41번과 제42번의 연습이 섞여있으며, 이것은 제45번도 마찬가지입니다. 두 가지 모두 하나의 곡으로 생각하고 연주하세요.

제46번~제47번

셋잇단음 분산화음 반주 형태의 연습입니다. 연주 방법은 제12번과 같습니다. 손목을 살짝 높게 두고 손가락이 편안하게 움직일 수 있도록 하세요. 선율이 반주 위에서 또렷하게 부각되어야 합니다.

제47번은 선율을 많이 연습하세요. 이 곡에서 처음으로 낮은음자리표가 등장합니다. 여기서는 부분적으로 <바이어> 제54번, 제55번과 같은 느낌입니다. 이 연습곡집에서 처음부터 낮은음자리표가 사용되는 것은 마지막 7곡뿐입니다.

제48번

반주에 화음 스타카토가 나옵니다. 1박자씩 연타하므로 느리고 정확하게 터치하는 연습부터 시작하세요. 오른손은 중음을 스타카토로 연타합니다. 템포 지정은 없지만 너무 빠르지 않아야 합니다.

제49번

16분음이 나옵니다. 16분음을 천천히 연주하면 4분음(1마디째 2, 4박째)은 상당히 길게 울리게 됩니다. 이때 4분음을 막힌 느낌으로 연주하거나 16분음을 너무 빠르게 연주하기 쉽습니다.

16분음(특히 음계진행)을 빠르게 연주하면 운지가 틀리기 쉬우므로 천천히 연습하기 바랍니다.

제50번

<바이어> 제103번과 같은 형태의 연습곡입니다. 반주 자체도 지금까지 나왔던 형태입니다. 느린 템포로 연주하세요. 악보가 쉽다고 해서 빠르게 연주하면 연주의 질이 떨어질 수 있습니다.

제51번

에튀드 느낌이 살짝 납니다. 오른손을 정확하게 움직이세요. 가능하다면 리듬을 다양하게 바꾸어가면서 연주해보세요. 레가토로 빠르게 연주하는 것은 한 번의 연습에서 1, 2회 정도면 충분합니다.

제52번

앞에 나온 세 곡의 종합연습곡이라 할 수 있습니다.

제53번

왼손은 경쾌하게, 오른손은 선율을 그 위에 부드럽게 올립니다. 오른손 스타카토가 너무 무거워지지 않아야 합니다. 힘을 많이 주지 말고 편안하게 연주하세요.

스타카토에 신경을 너무 써서 건반을 어설프게 누르지 않도록 주의하세요.

제54번

지금까지 해온 다양한 연습요소가 들어있습니다. 슬러와 스타카토, 쉼표를 정확하게 지키세요. 화음을 연주하는 방법, 16분음과 8분음의 정확한 표현 등, 하나하나를 꼼꼼하게 연주하세요.

제55번

왼손에 음계가 나옵니다. 중음 연습을 우선 한 다음에 전체적으로 연습하세요.

제56번

왼손 반주 형태가 '도솔미솔'의 형태와 달라서 까다롭습니다. 후반부의 오른손 16분음 뒤쪽 부분은 건반에서 가볍게 손가락을 떼는 느낌으로 연주하면 좋습니다. 음악적인 느낌으로 연주해보세요.

제57번

이 곡의 스타카토는 8분음에 붙어있으며 그 뒤에 쉼표가 있으므로 날카로운 느낌으로 연주해야 합니다. 16분음 길이로 생각하면 좋습니다. 그렇다고 건반 위를 살짝 스치듯이 연주해서는 안 됩니다. 건반을 누르는 동작은 항상 같아야 합니다.

제58번

음계연습입니다. 천천히 정확하게 연습하세요. 특히 양손 유니즌 16분음 부분은 한손씩 충분히 연습한 후에 두손으로 연주하세요. 후반부의 왼손도 마찬가지입니다.

제59번

연습곡이라기보다는 음악적인 곡이라 생각하고 연주하세요. 이 곡은 충분한 시간을 들여 음악적인 표현을 담아 연주할 수 있도록 합시다.

제60번

다양한 요소가 담긴 연습곡입니다. 부분적으로 많이 연습하세요.

Kinderübungen

Etudes enfantines   Exercises for Children

C. Czerny

1.

2.

3.

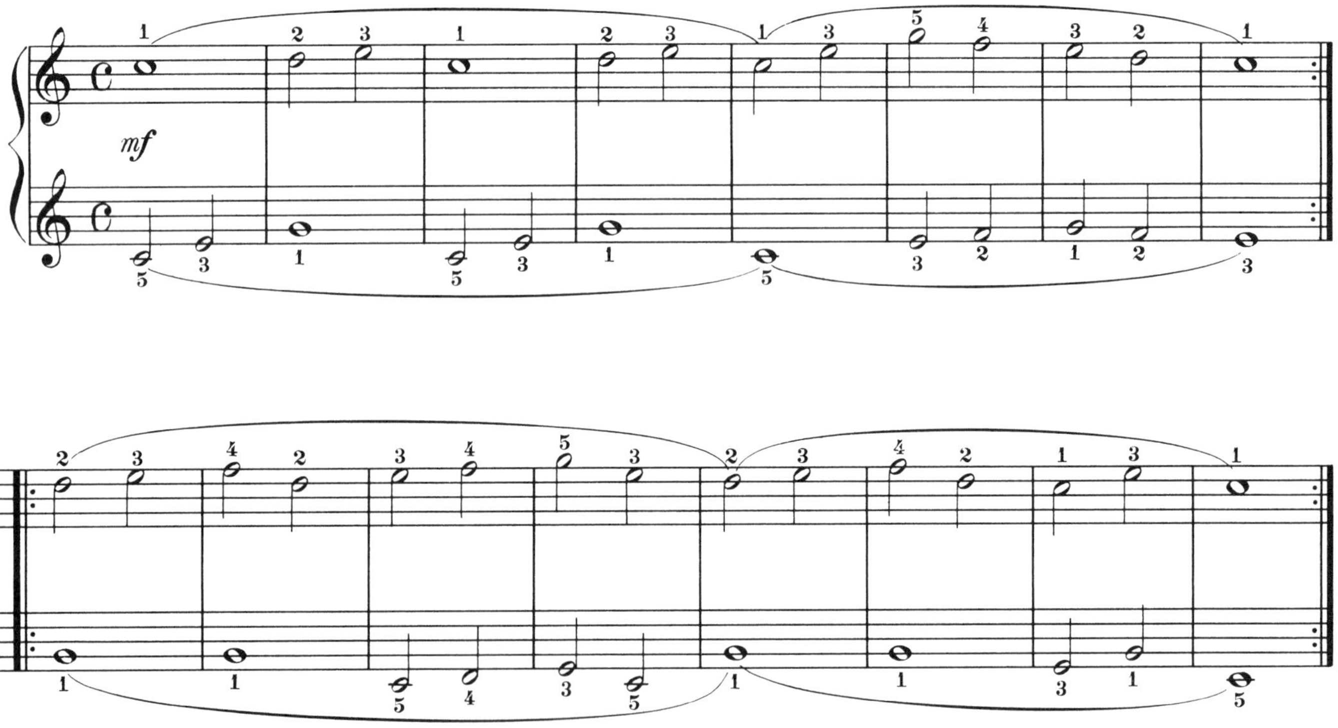

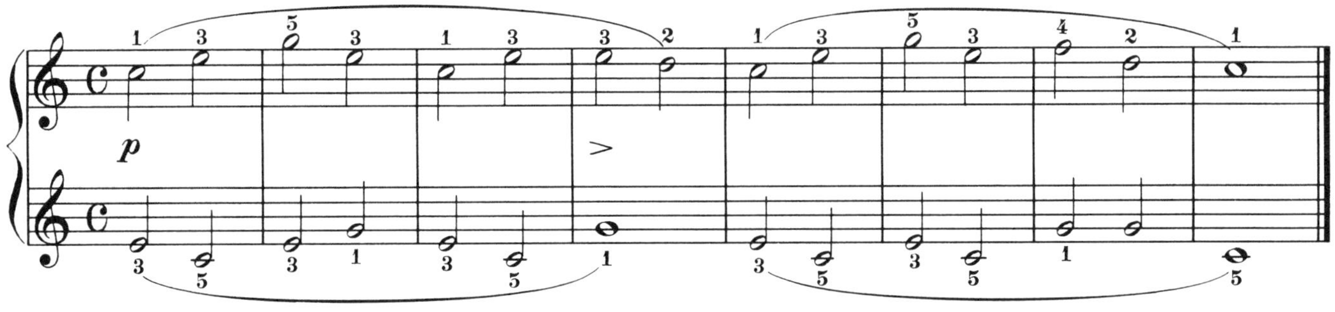

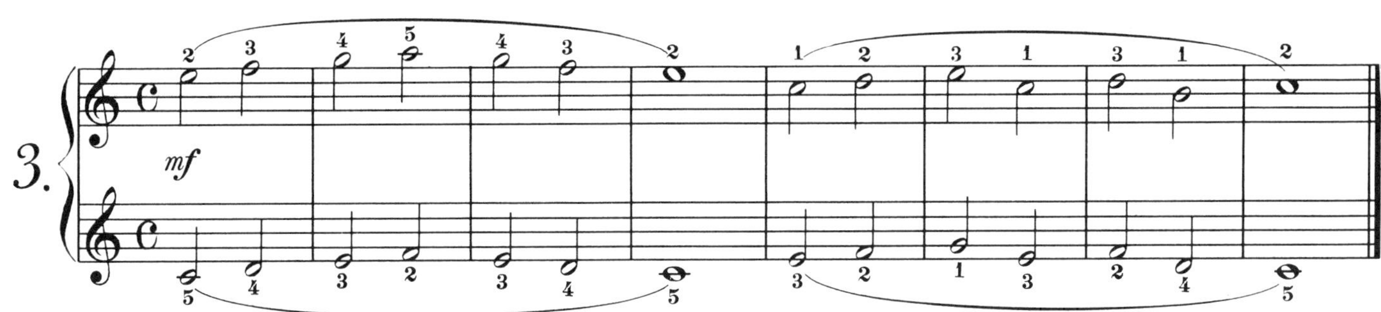

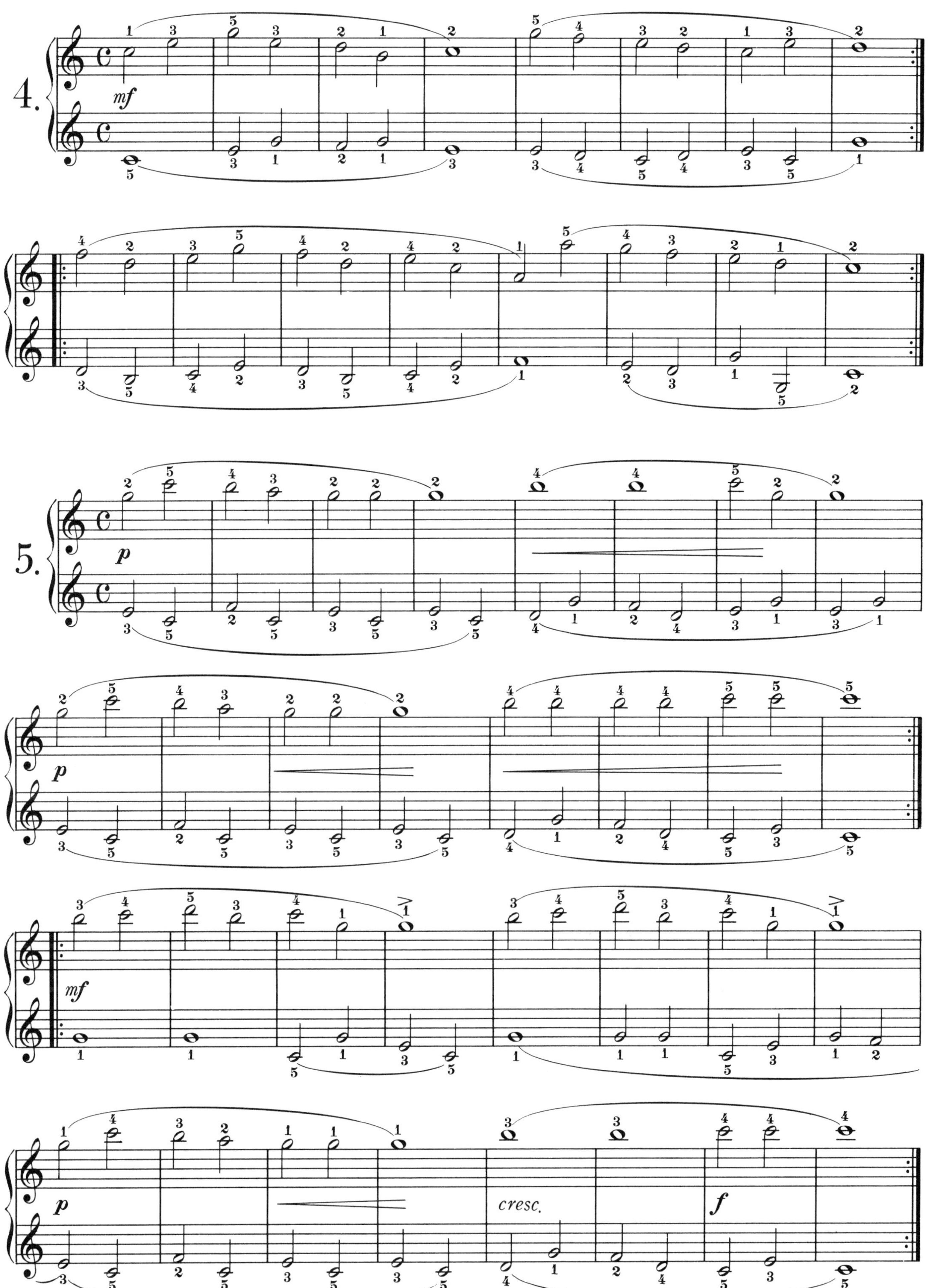

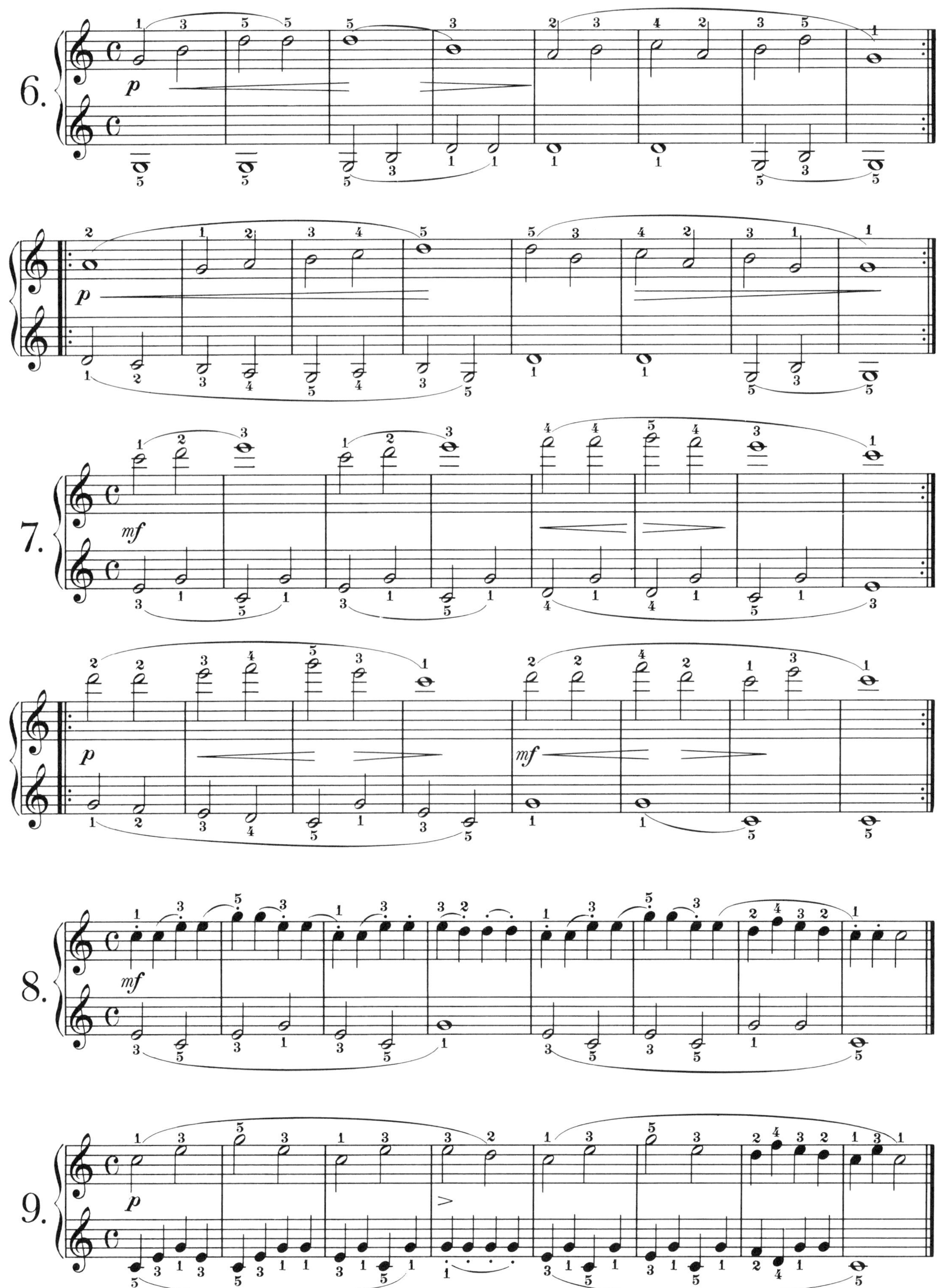

Allegro
15.
mf
p
f
16.
mf
p
cresc. - - - f

23.
24.
25.
26.

29.
p
cresc.
mf
f
p
cresc.
mf
30.
p leggiero
cresc.
mf
p

31.
p leggiero
cresc.
mf
f
dim.
p
cresc.
f
32.
p
f
p
cresc.
p
p
f

33.
Allegro moderato
34.

Allegro
mf
cresc.
f
p
Allegro vivace
p leggiero
p
f
35.
36.

Allegro
37.
38.
p
cresc.
f
p
cresc.
f
p
cresc.
f
dim.
p

39.
p
cresc.
f
p
mf
dim.
40.
f
f

41.
p
cresc.
f
p
cresc.
f
42.
f
sempre f

cresc.
f
43.
p dolce
p
p
poco cresc.
p

46.

Allegro vivace

p
f
p
49.
p leggiero
mf
p
poco cresc. - - - - -
mf
cresc. - - - -
f

Allegretto
52.
p
cresc.
f
p
f
53.
p
cresc.
f

dimin.
p
p
cresc.
f
Allegro
54.
sempre f

Allegro
mf
55.
cresc.
f
p
Allegretto
p dolce
56.

ten.
cresc.
f
Allegro
57.
p leggiero
mf
dim.
f
p

58.
Allegretto
59.
p
cresc.
f

cresc.
p
p
cresc.
f
Allegro
60.
f
p
f
8
8
f
8
p
8
p
f

체르니
어린이를 위한 연습곡

초판발행   2025년 7월 1일

지 은 이   젠온악보출판사 편집부
펴 낸 이   하성훈
펴 낸 곳   서울음악출판사
주   소   서울 서초구 반포대로22길 85 에덴빌딩 3층
영 업 부   02-587-5157
등록일자   2001년 4월 23일
등록번호   제2001-000299호
홈페이지   www.seoul-music.co.kr

© 2025, 서울음악출판사
© 1969 by Zen-On Music Co., Ltd., Tokyo.

값 8,000원
ISBN 979-11-6750-146-2

※ 이 책의 무단 전제와 복제를 금합니다.
※ 잘못 만들어진 책은 구입처에서 교환해드립니다.